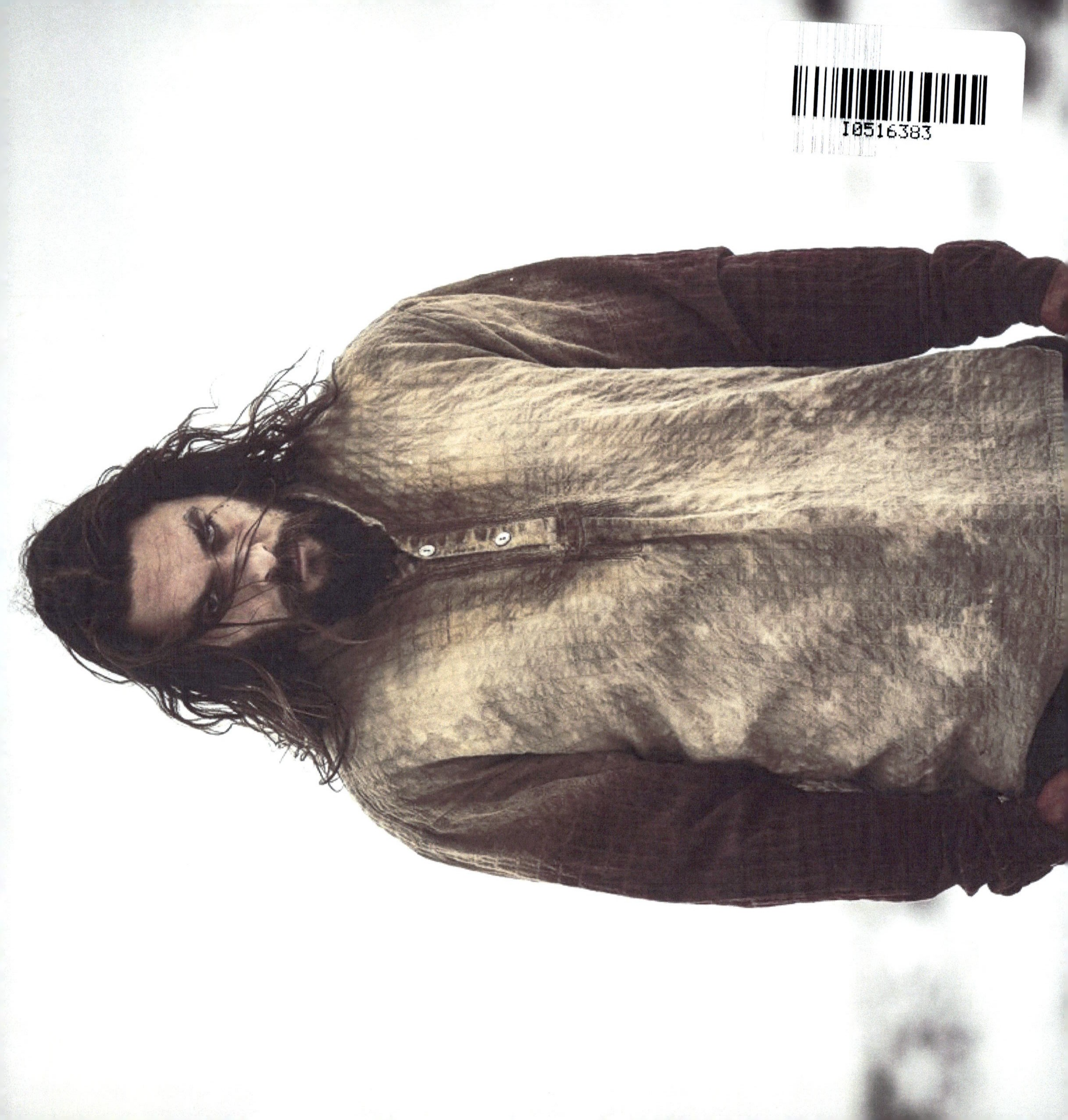

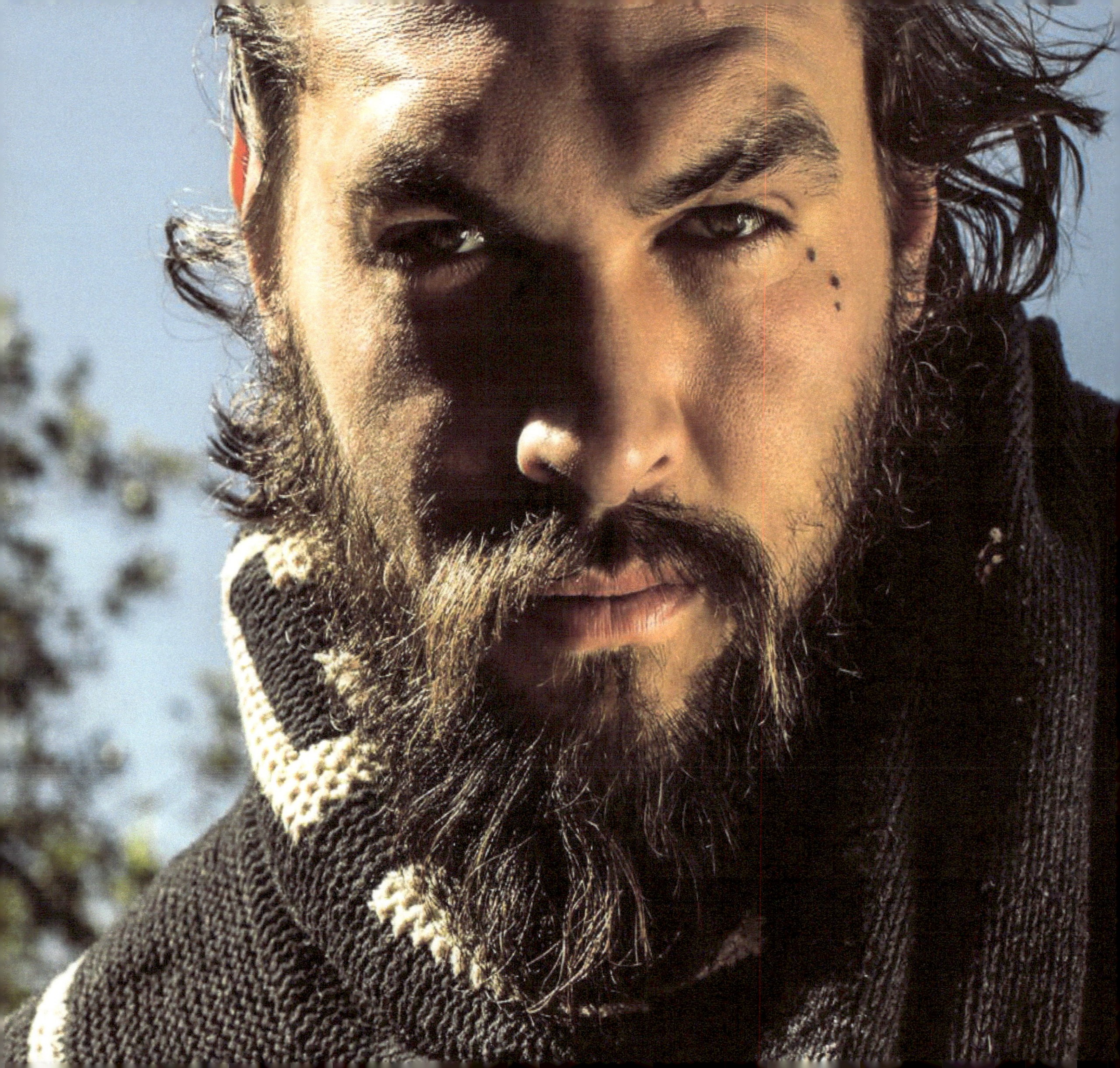

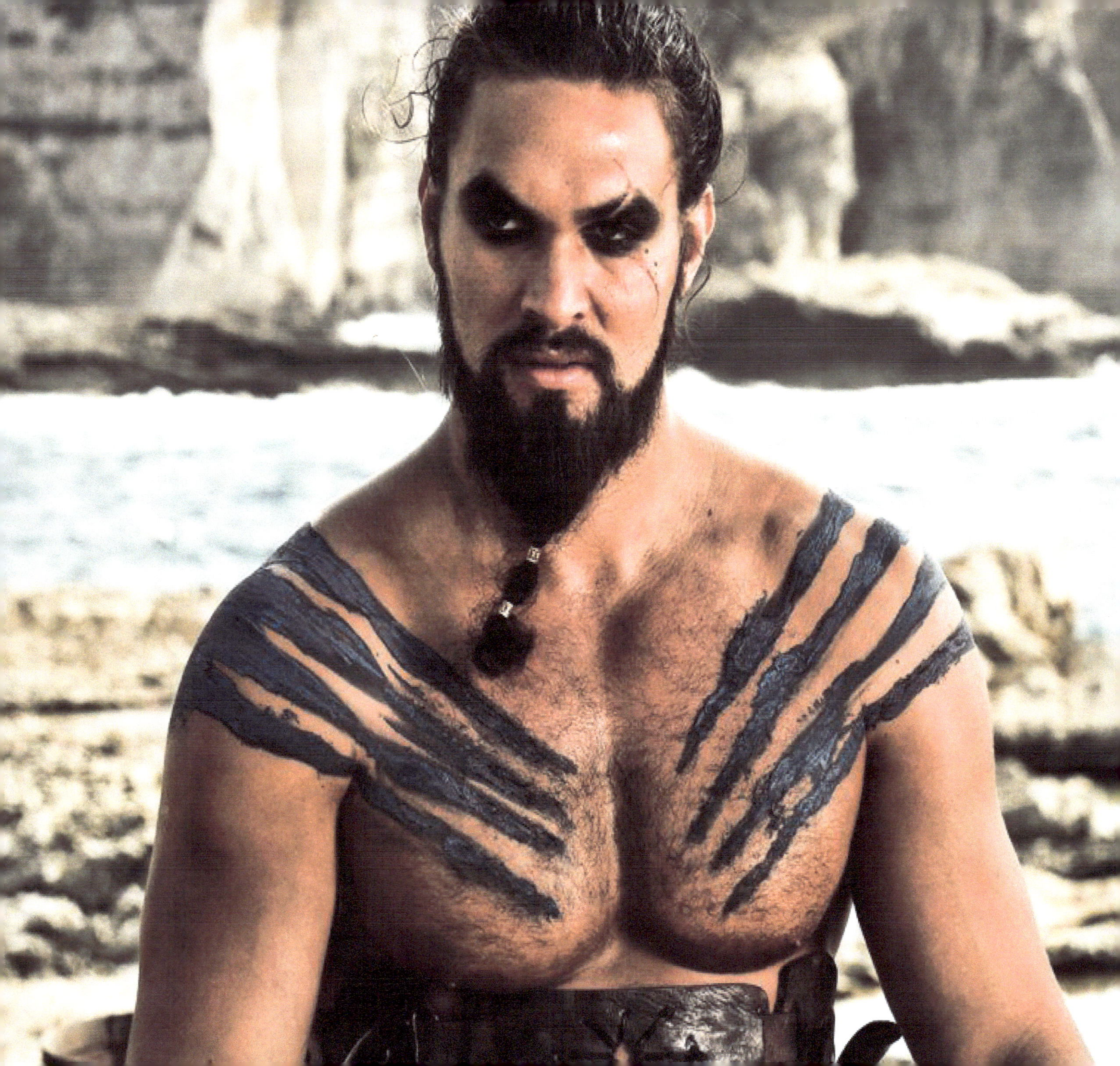

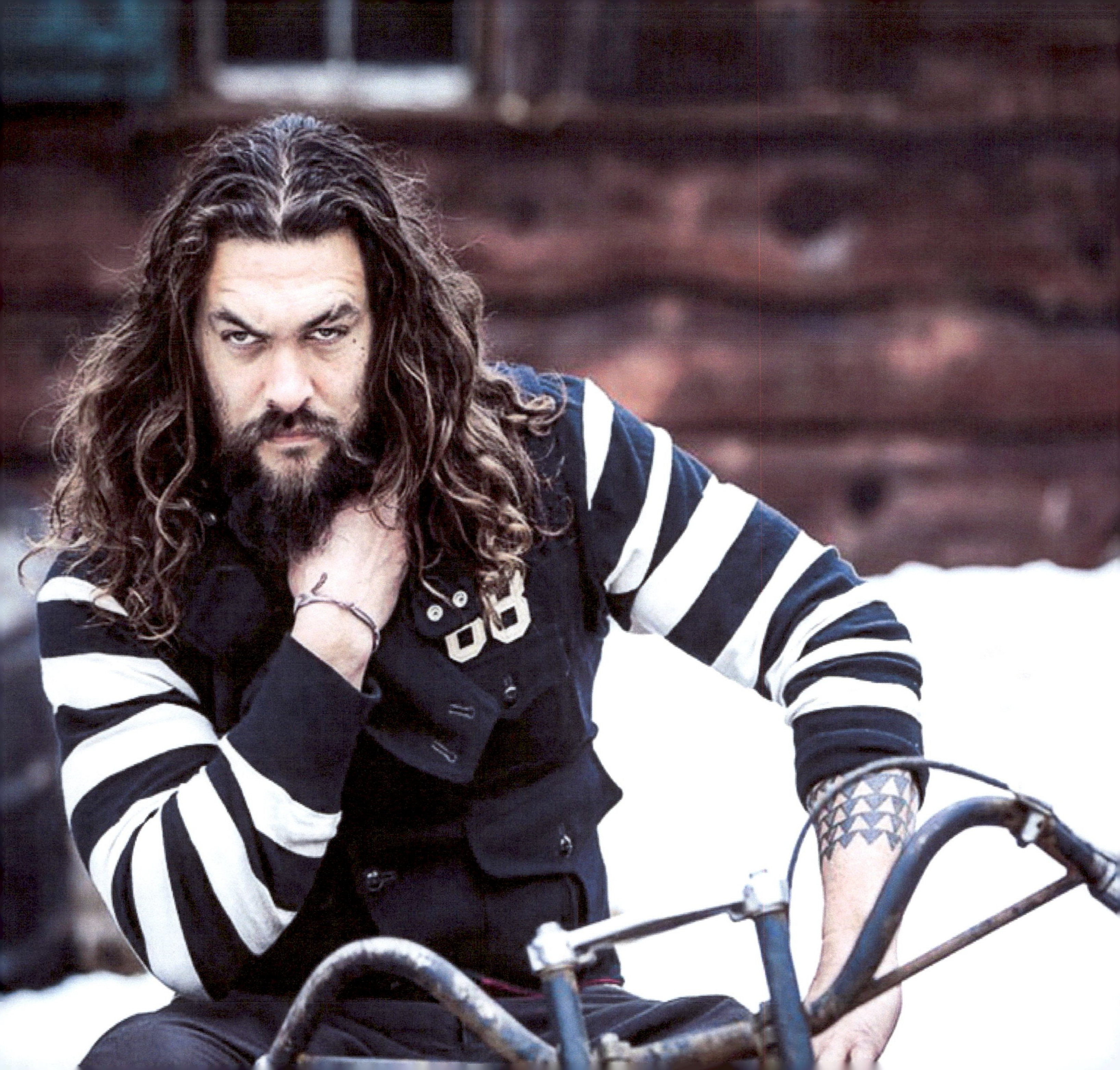

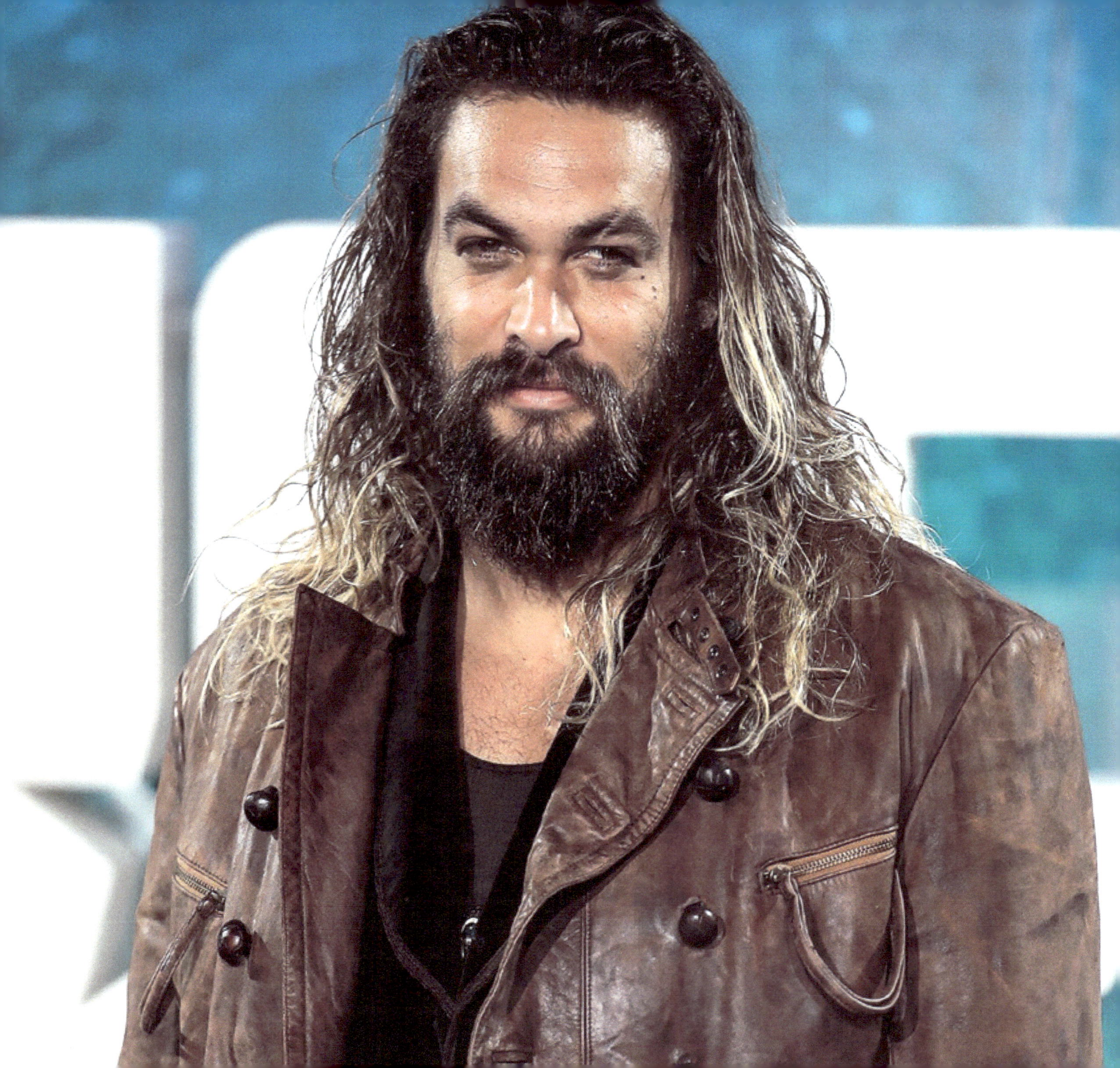

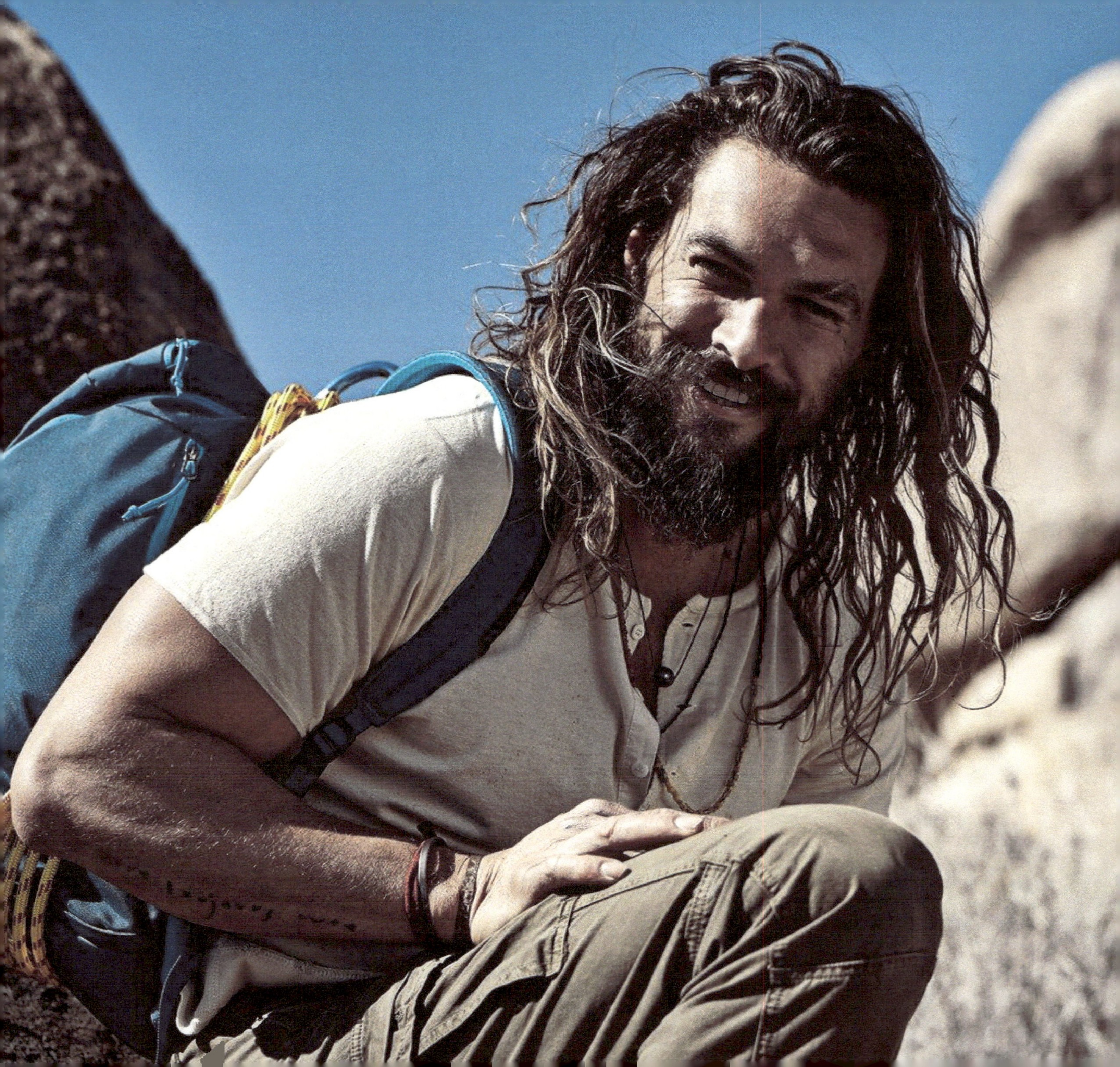

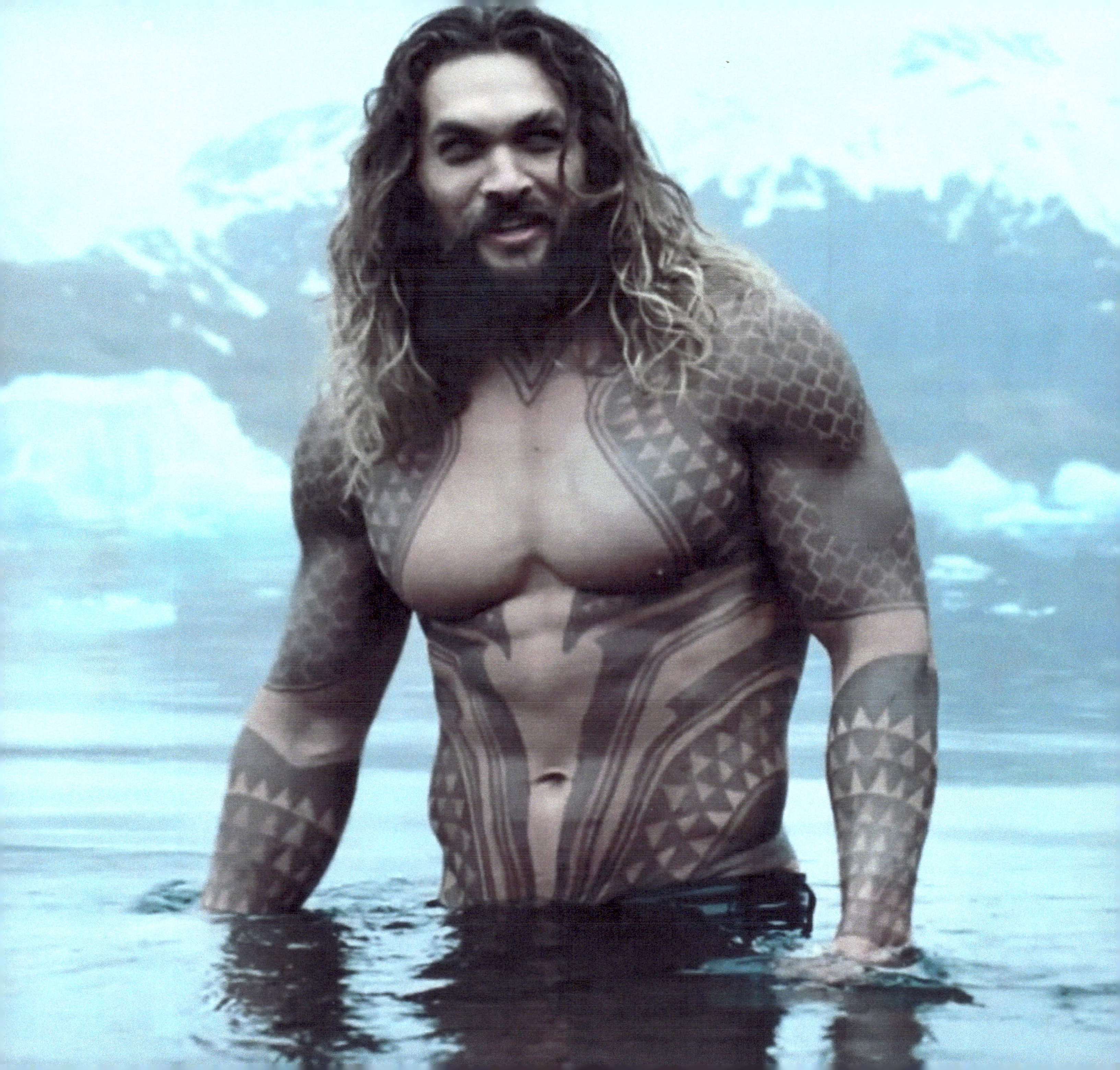

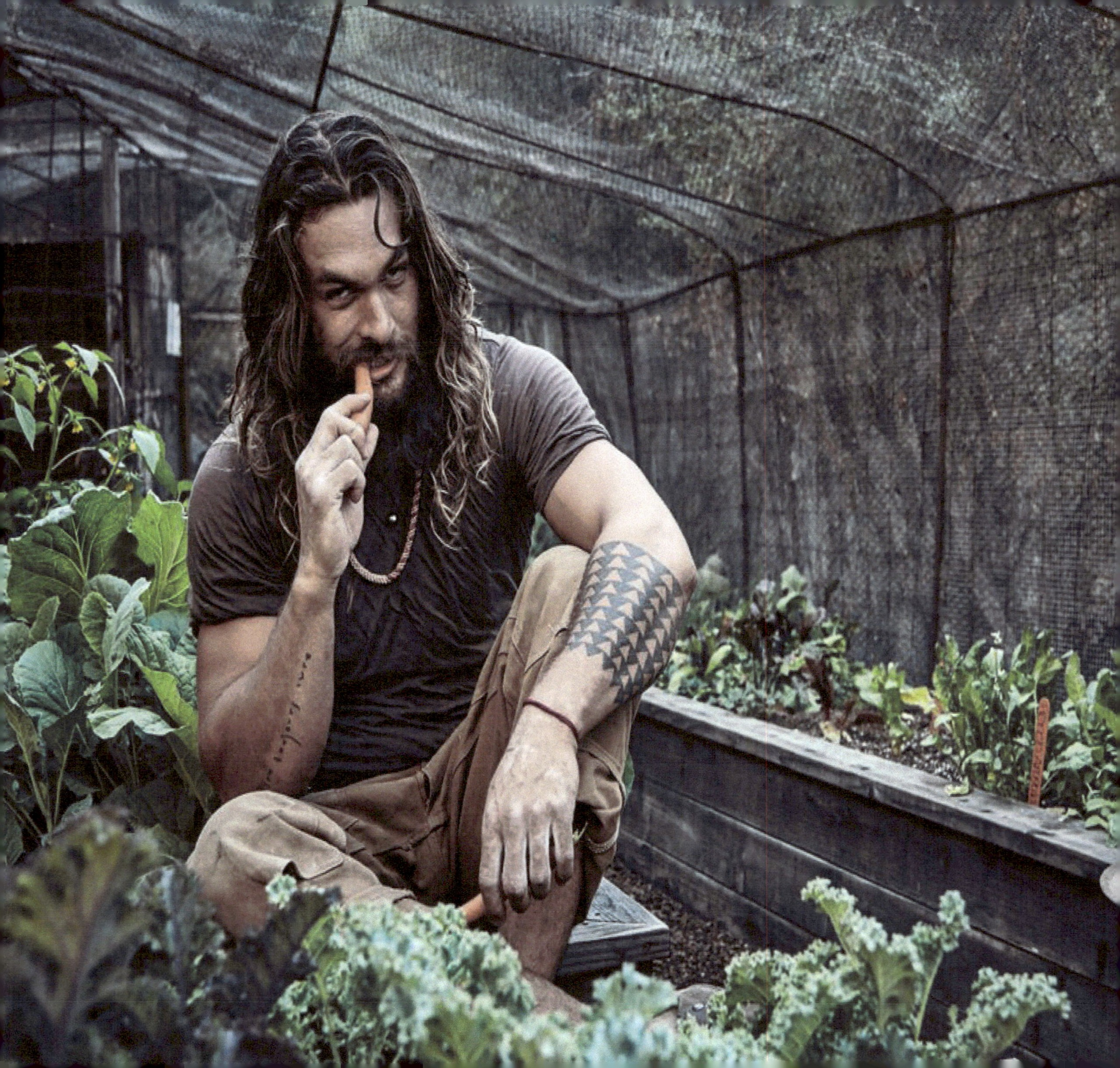

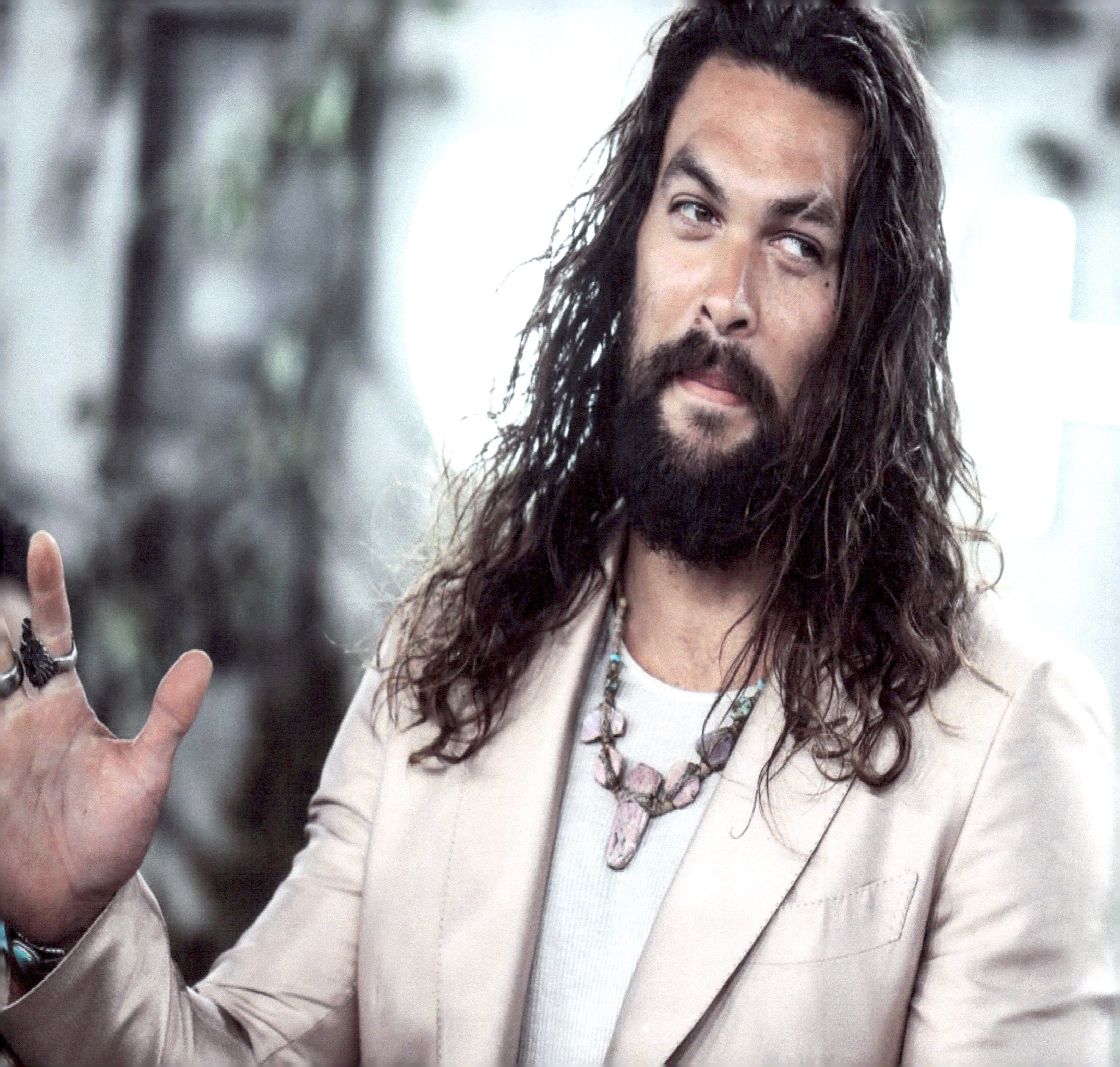

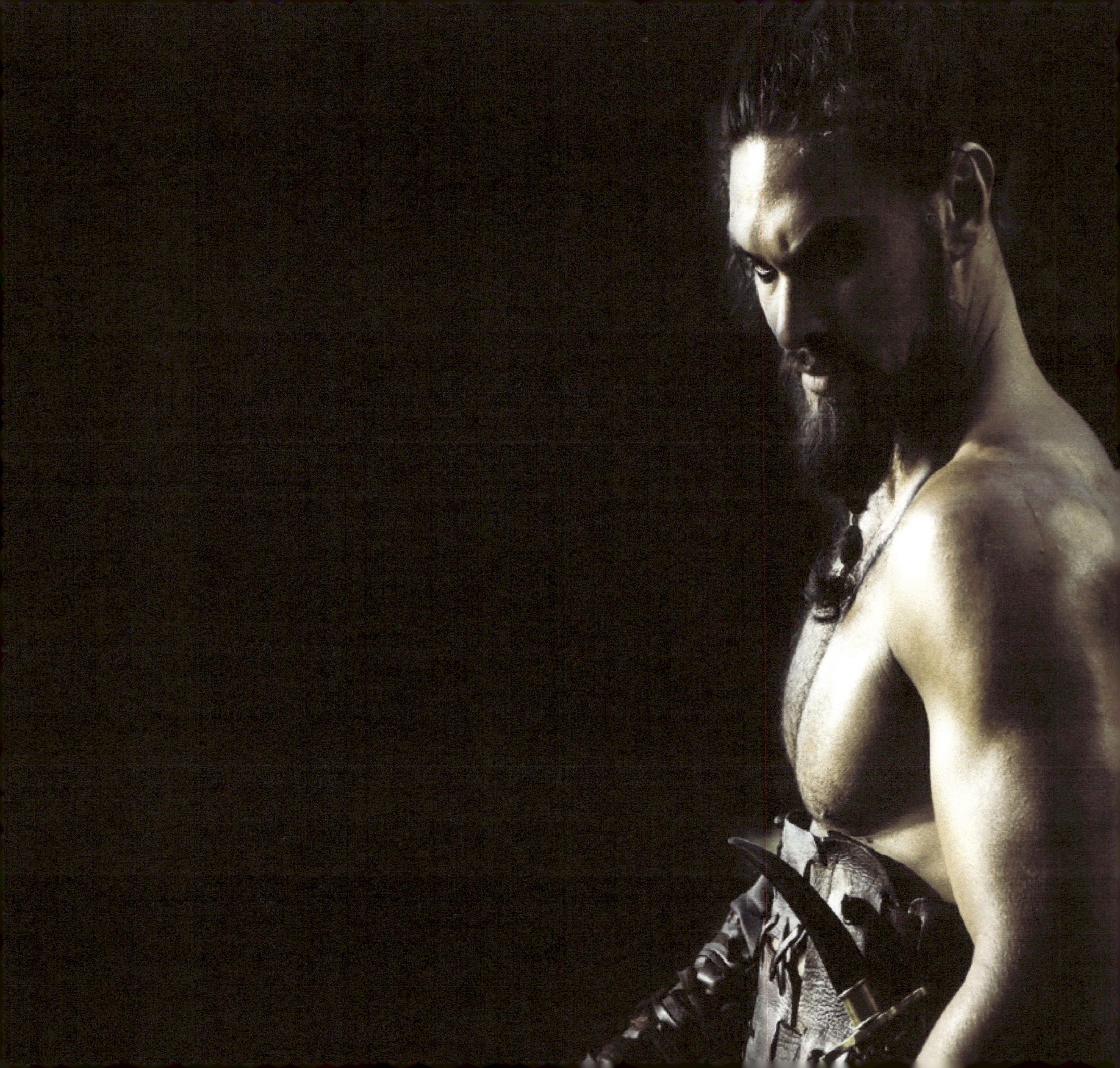

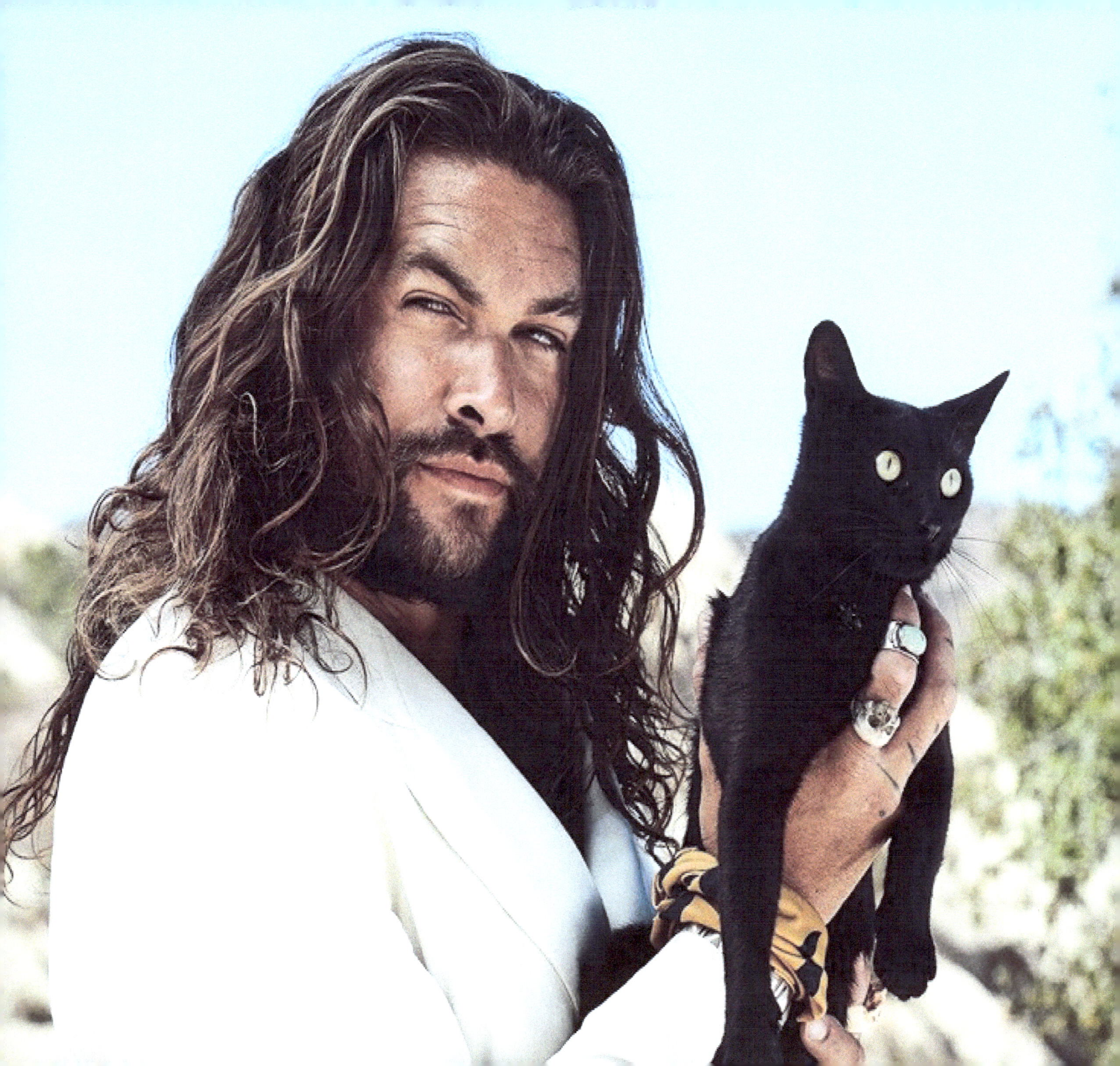

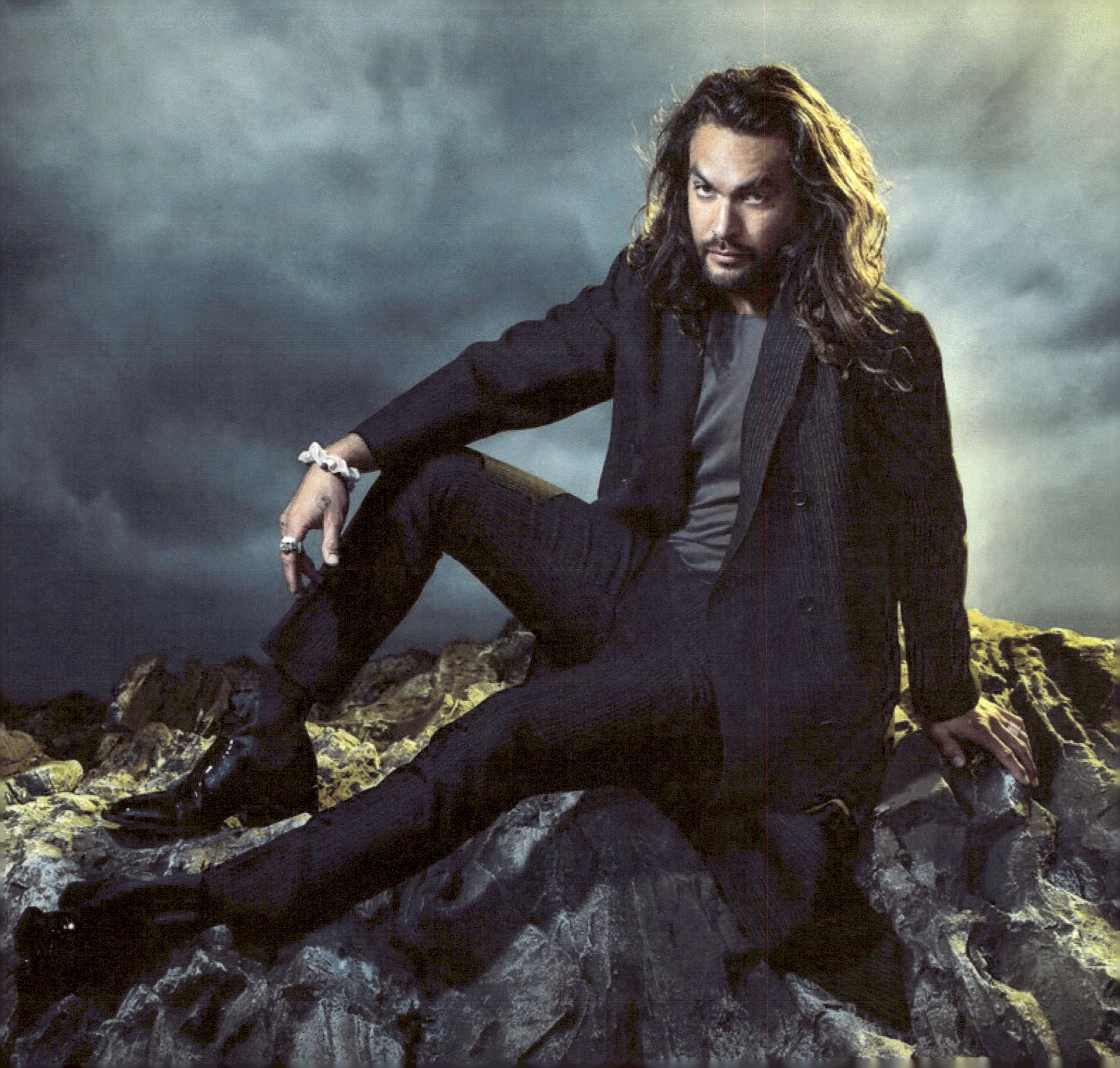

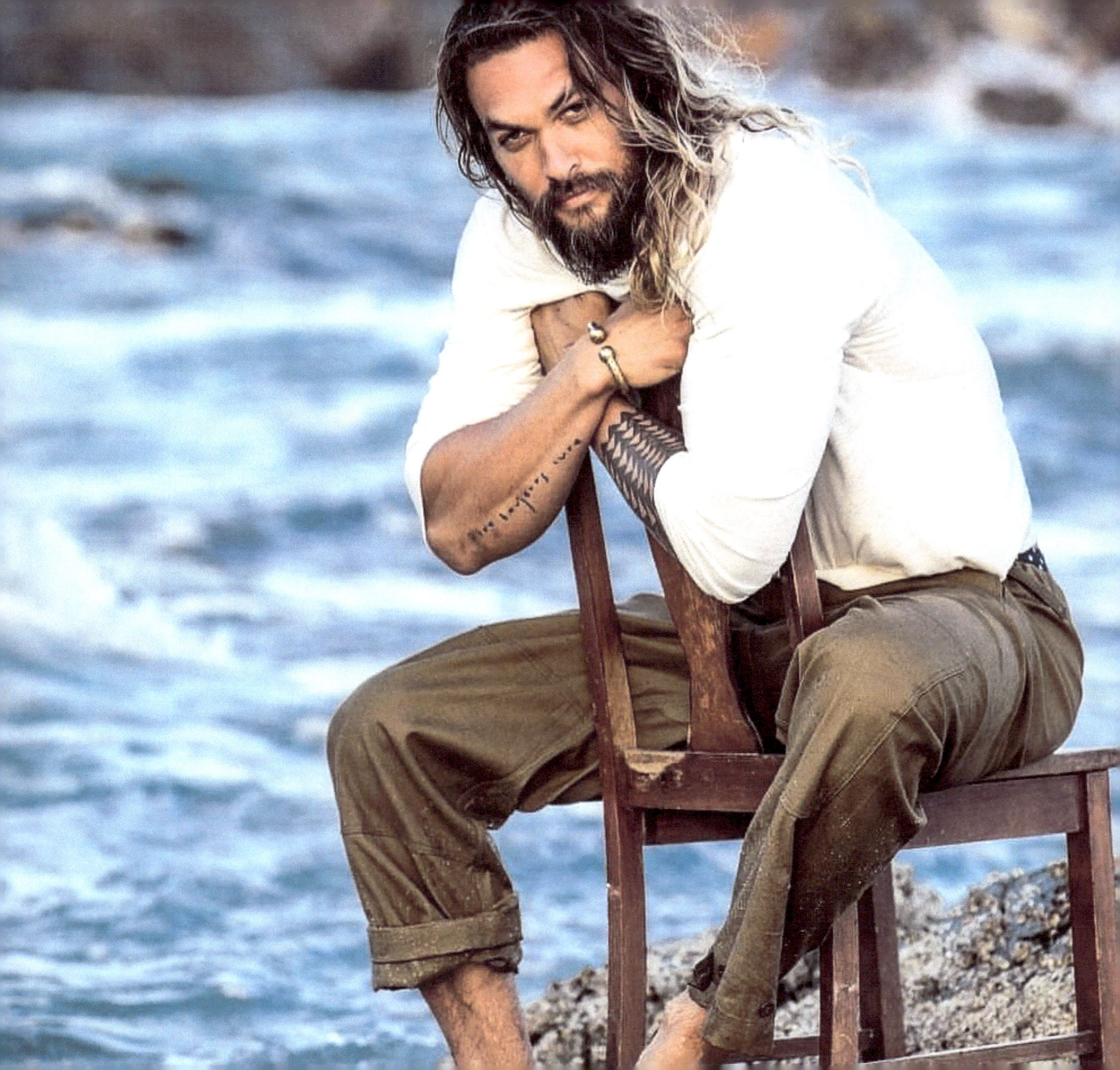

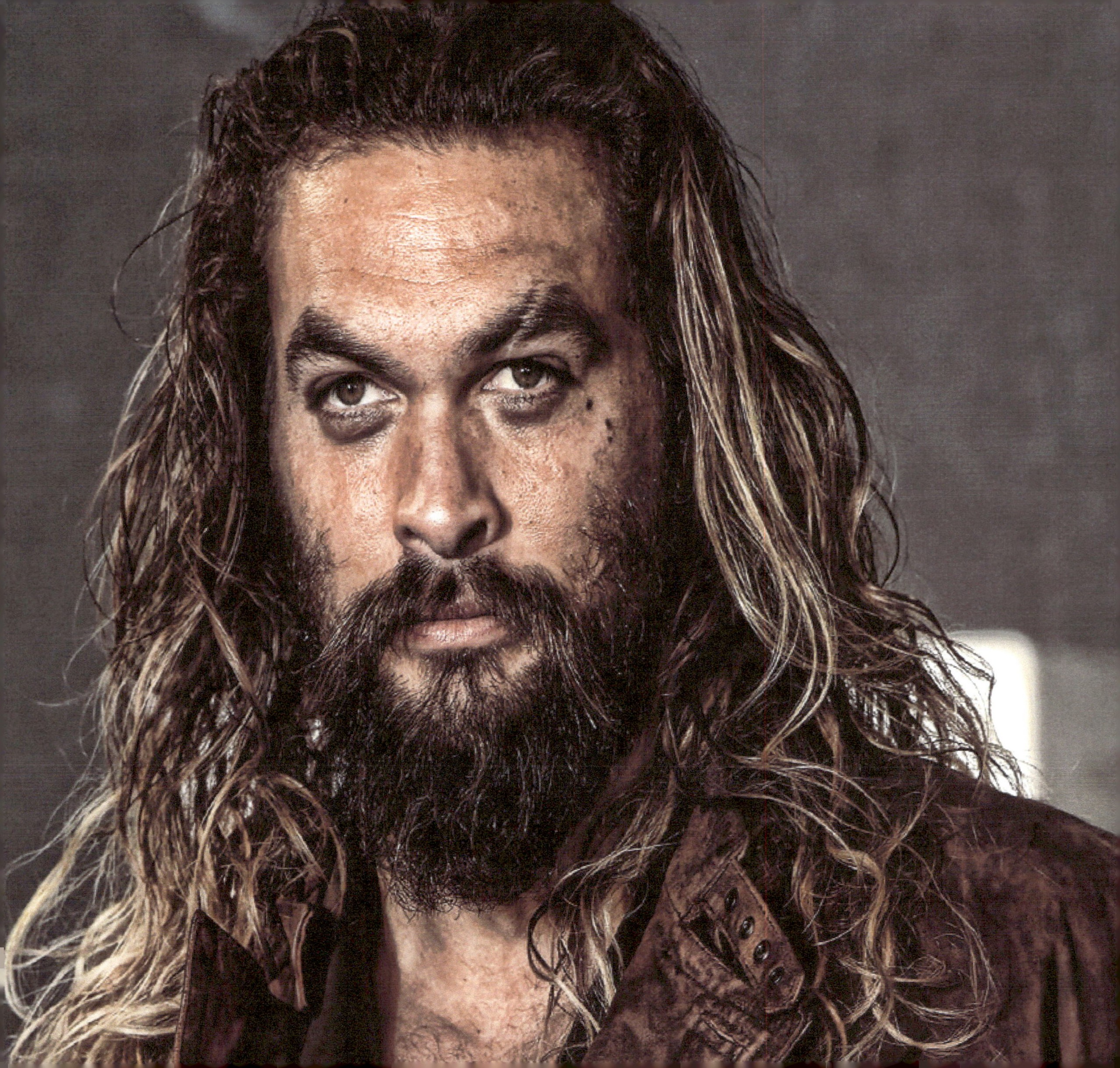

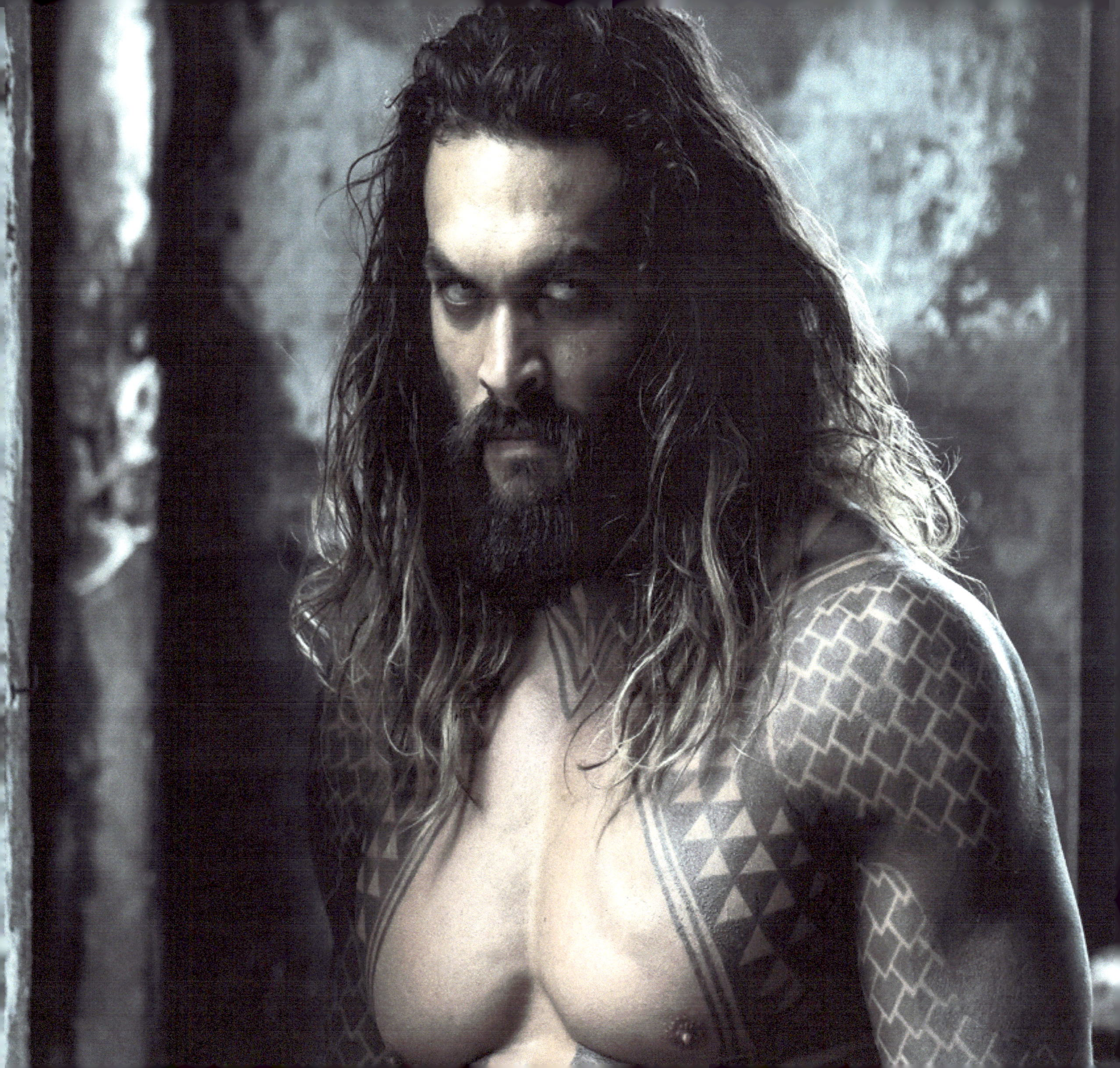

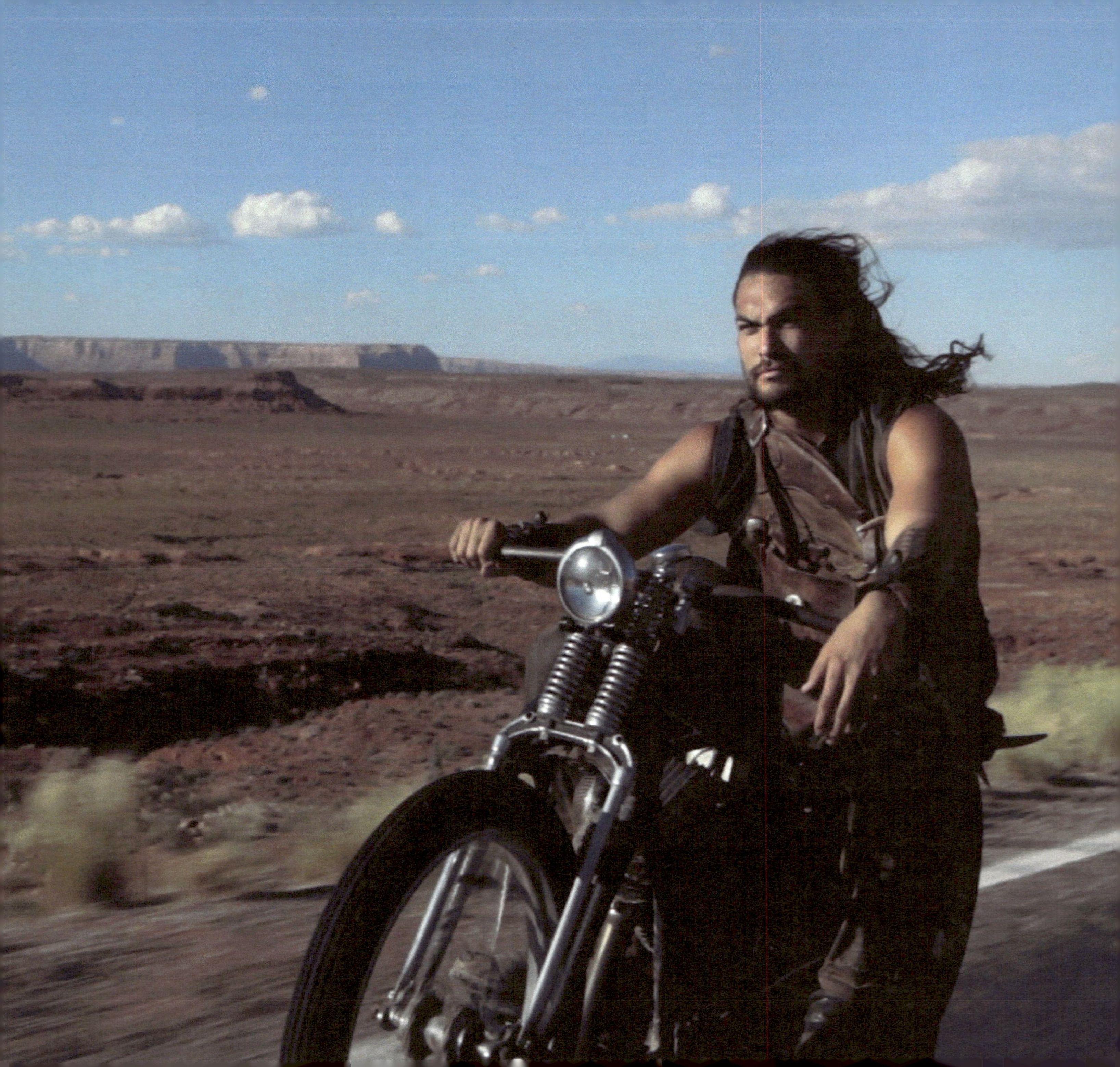

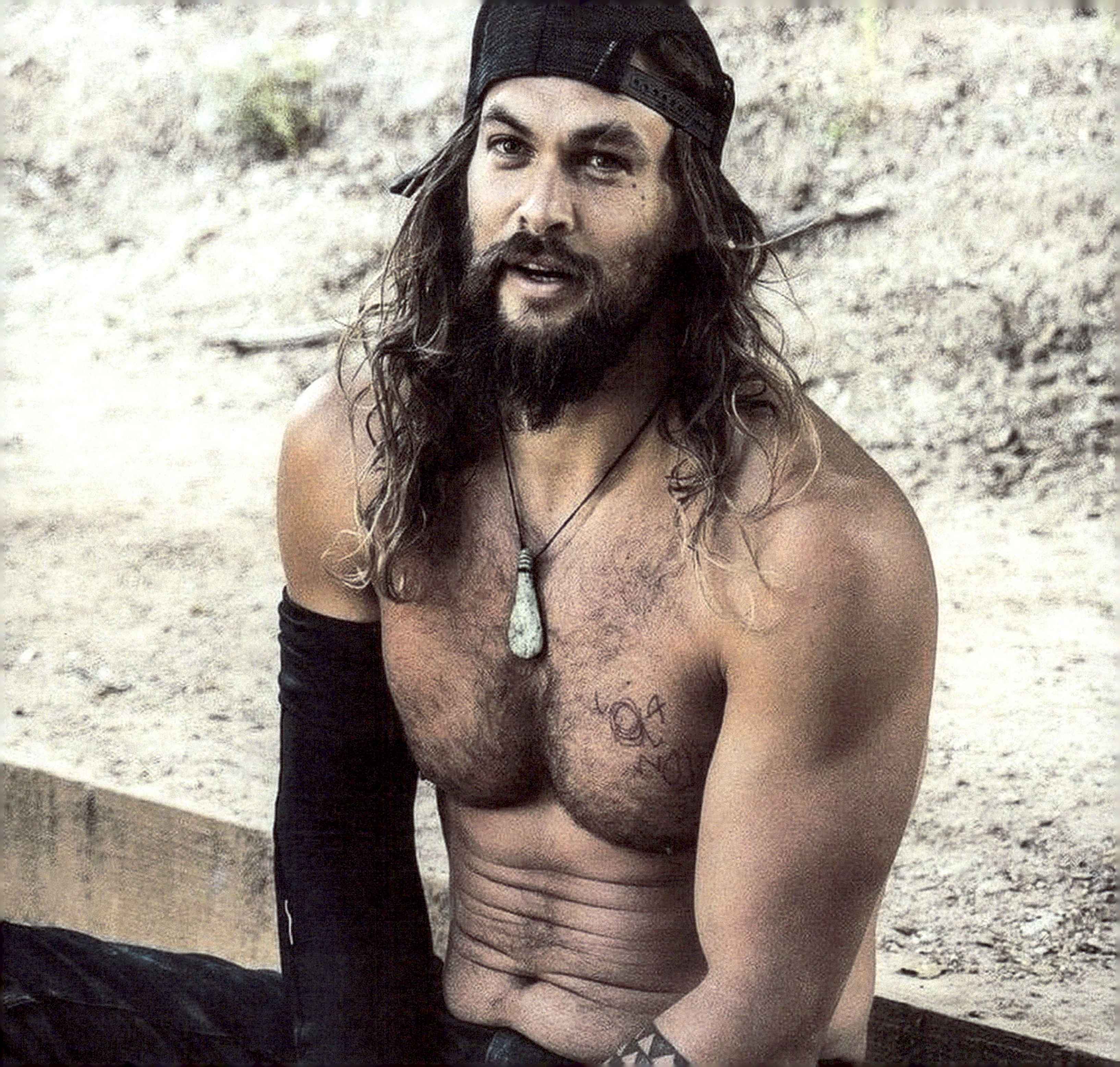

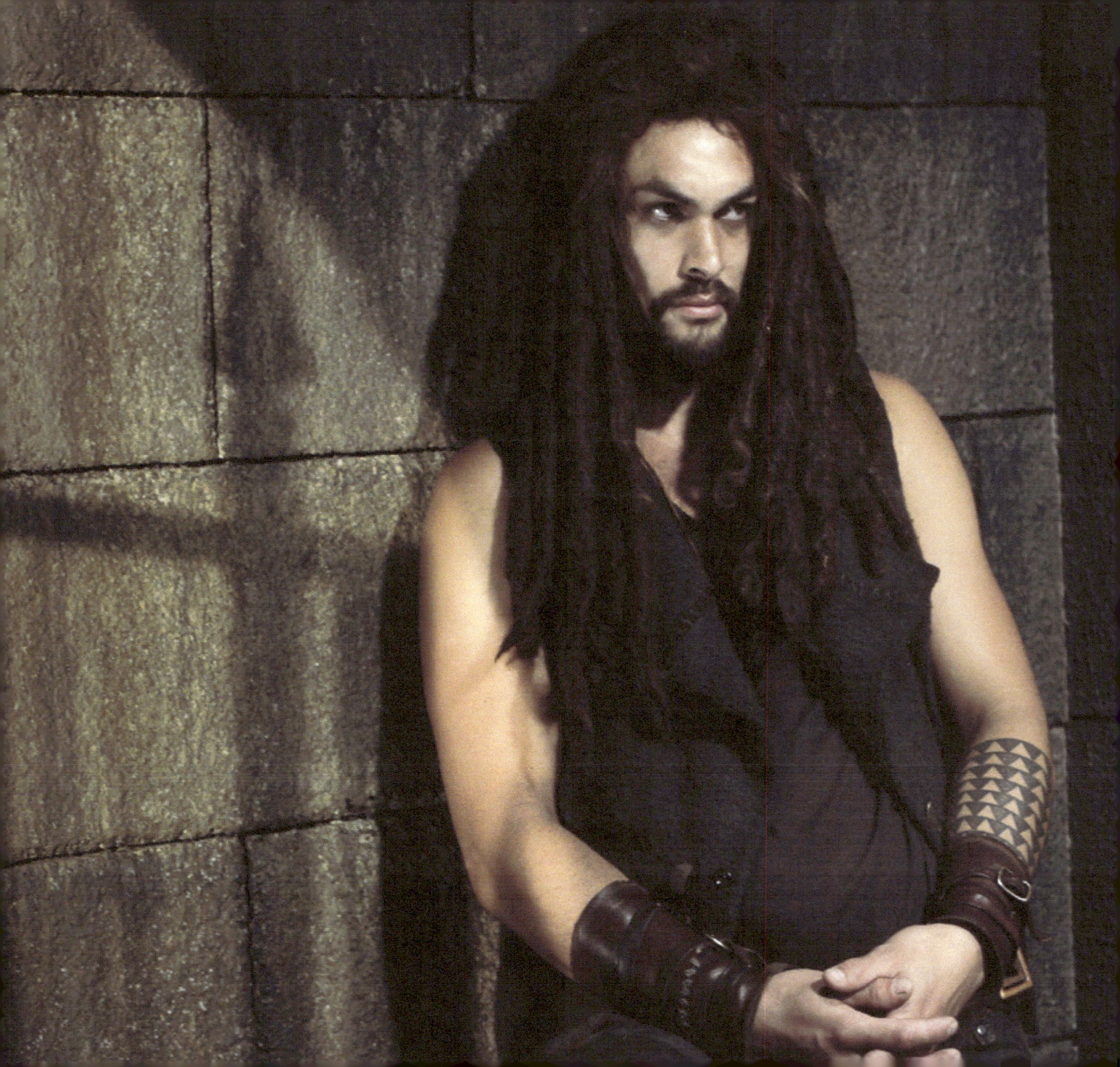

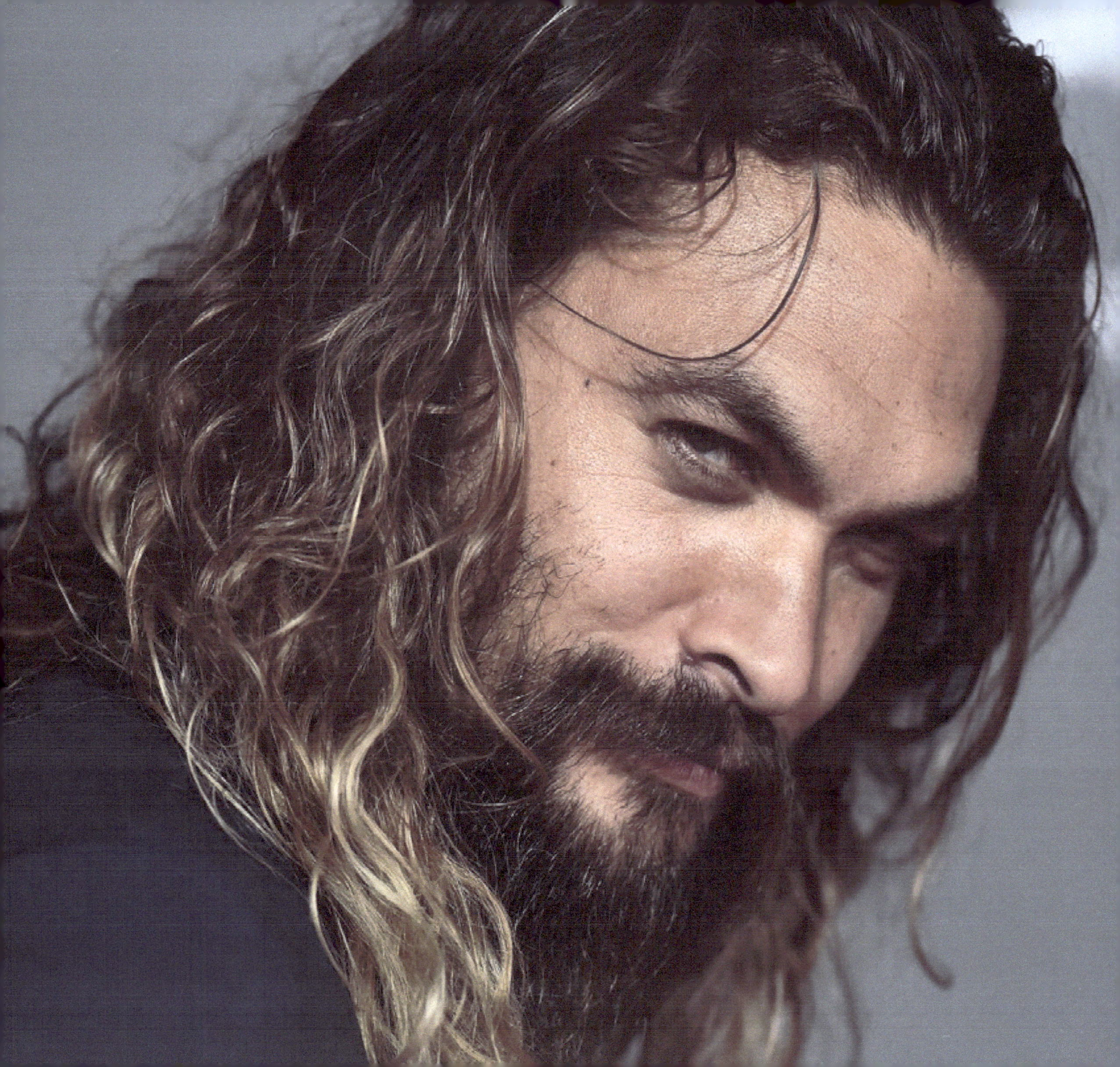

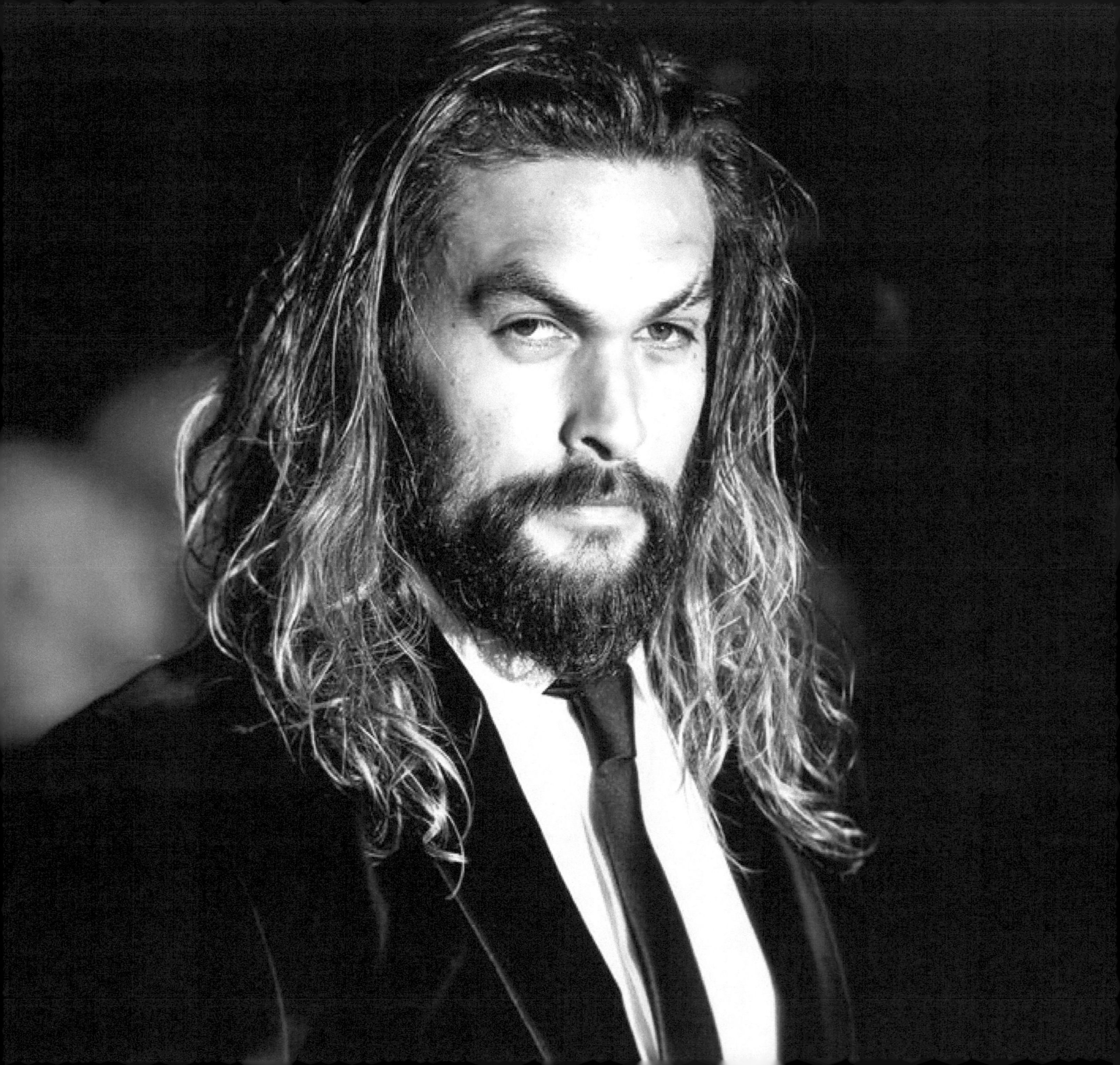

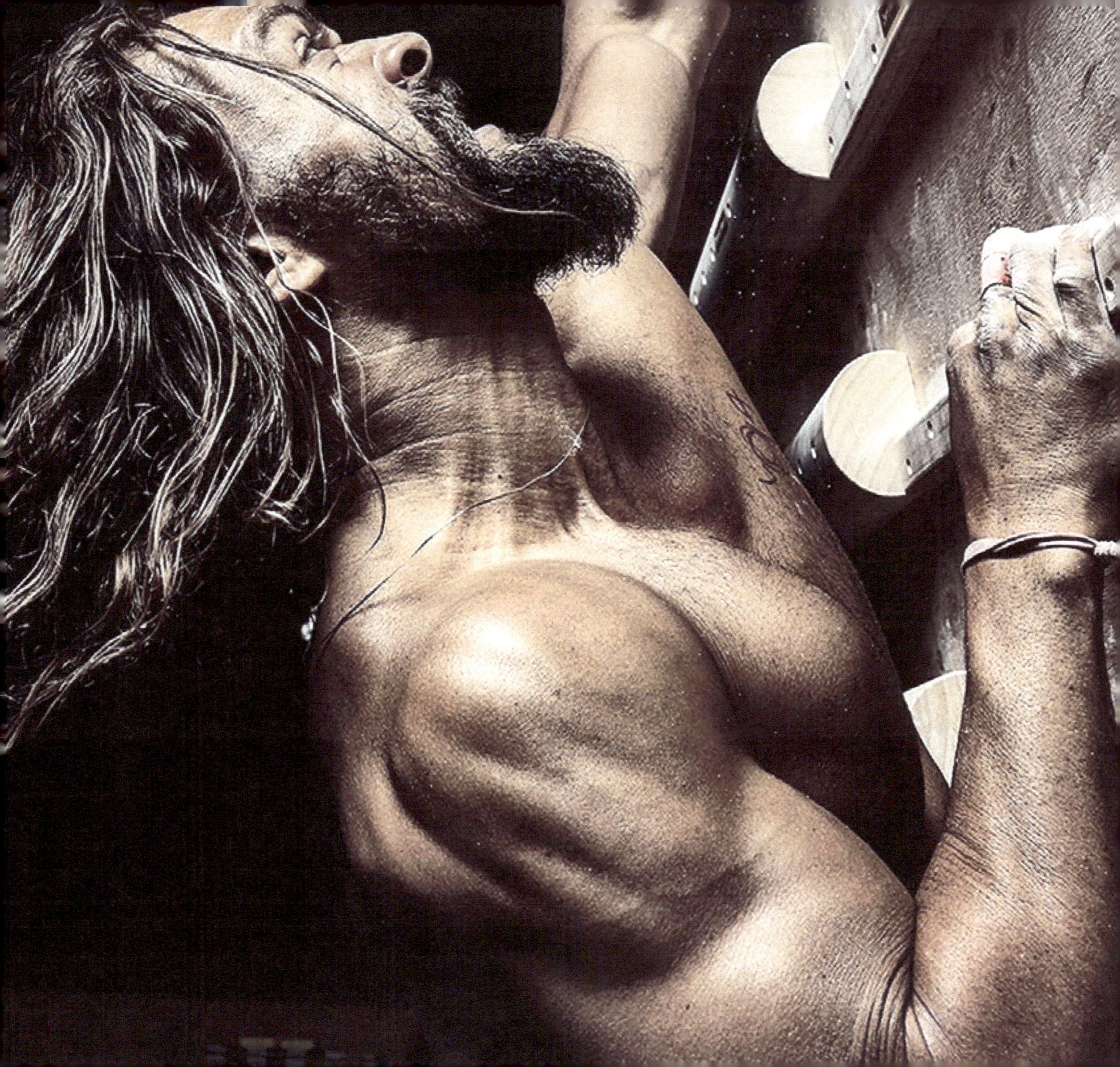

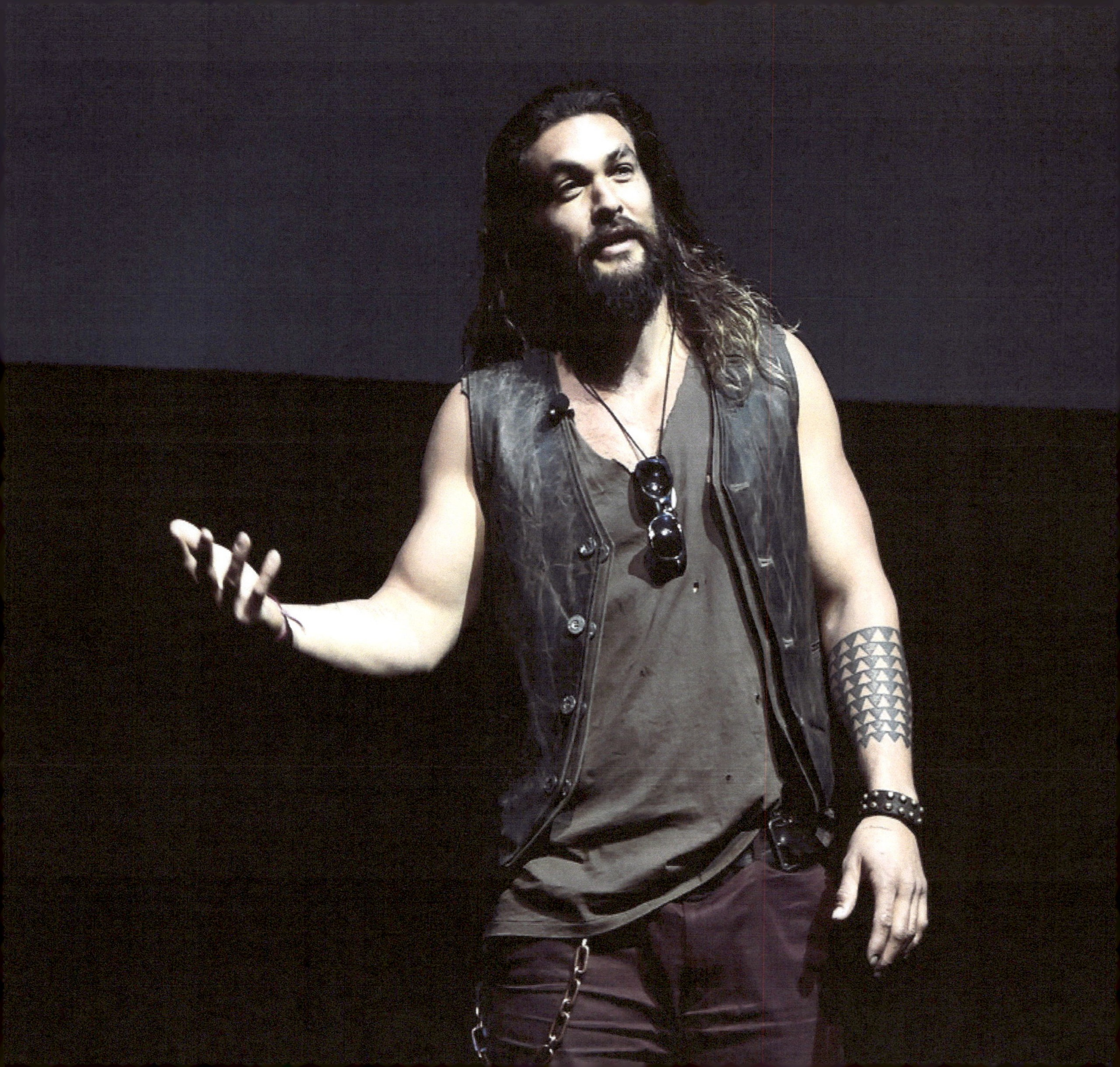

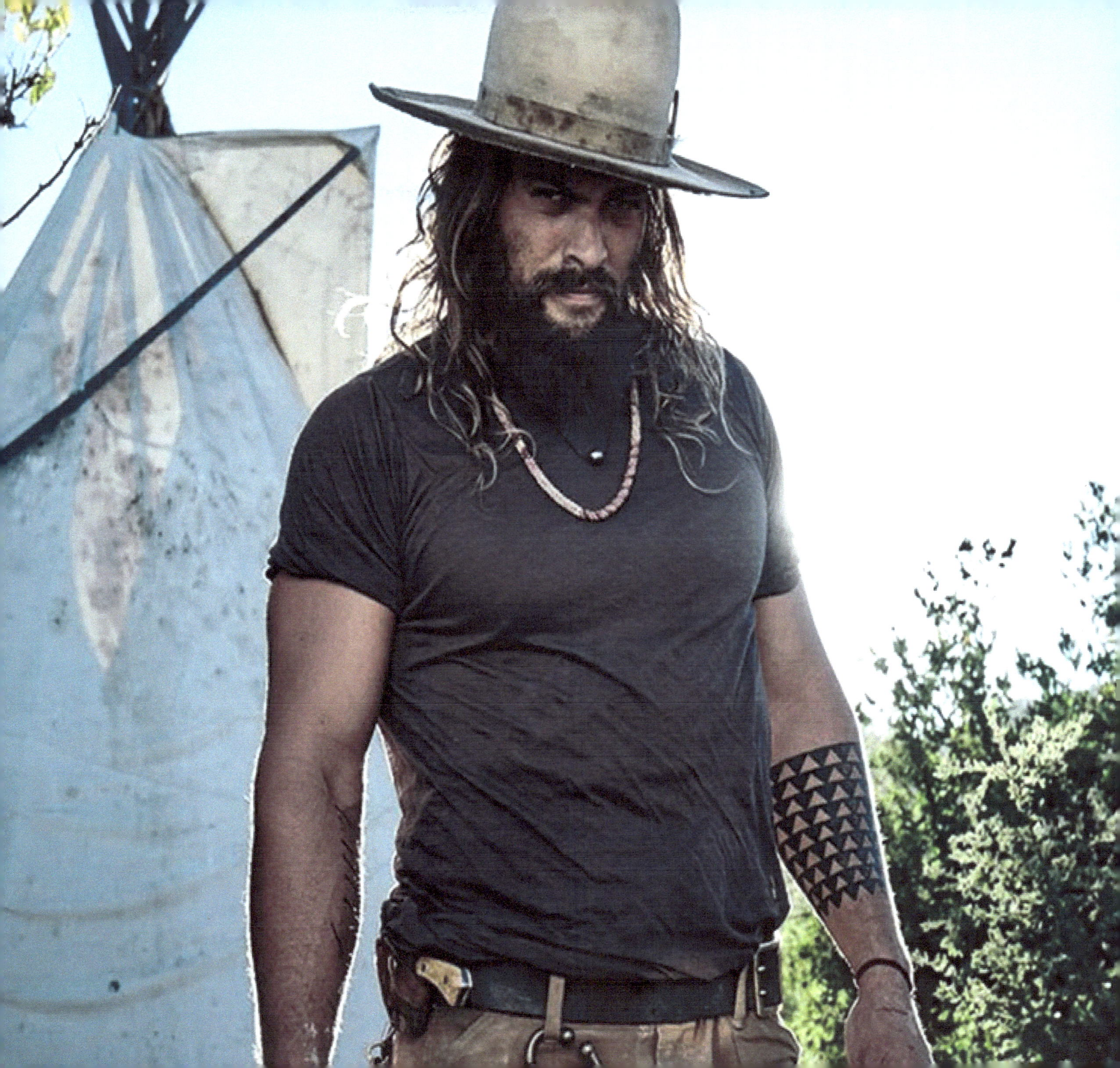

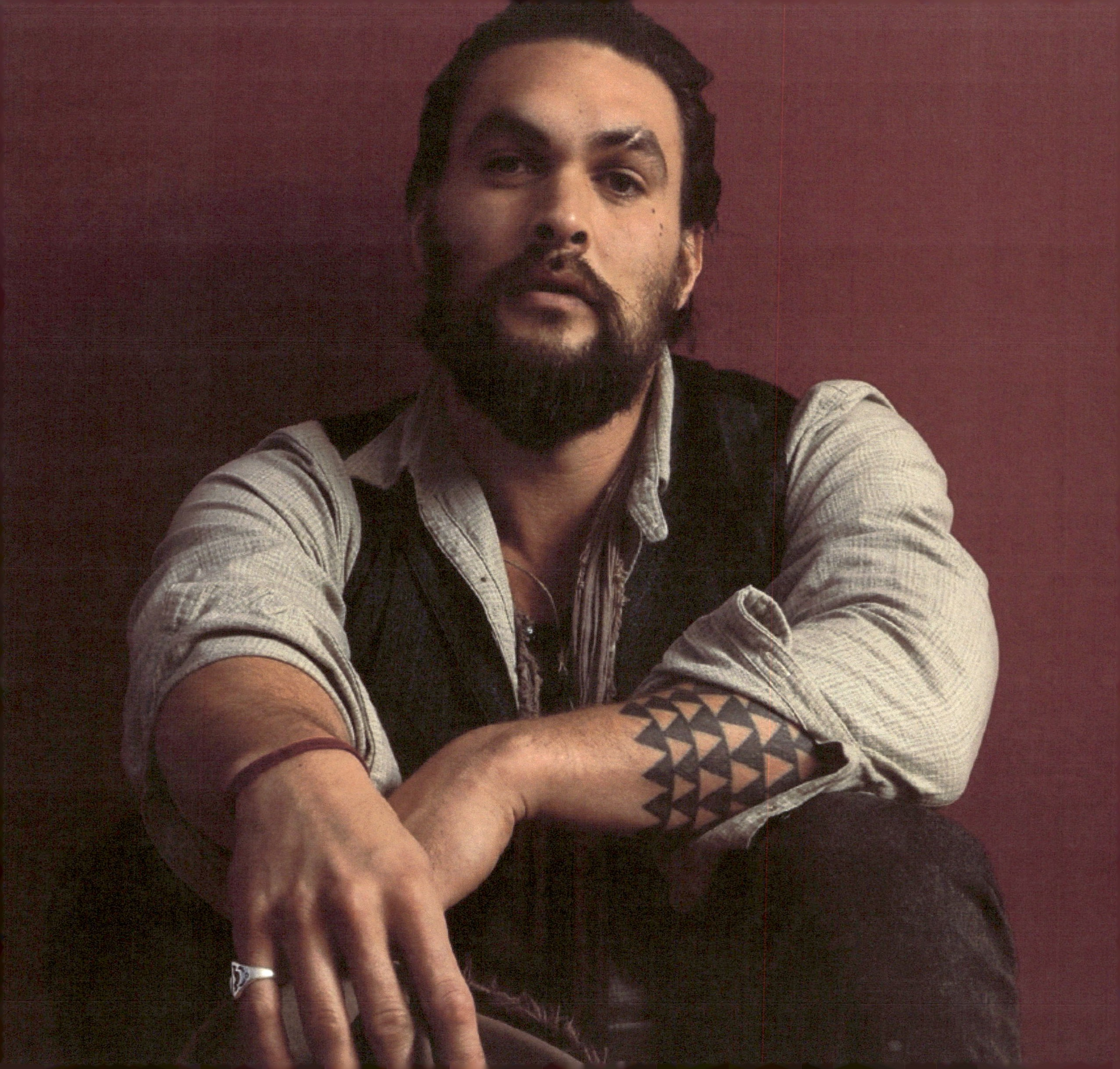

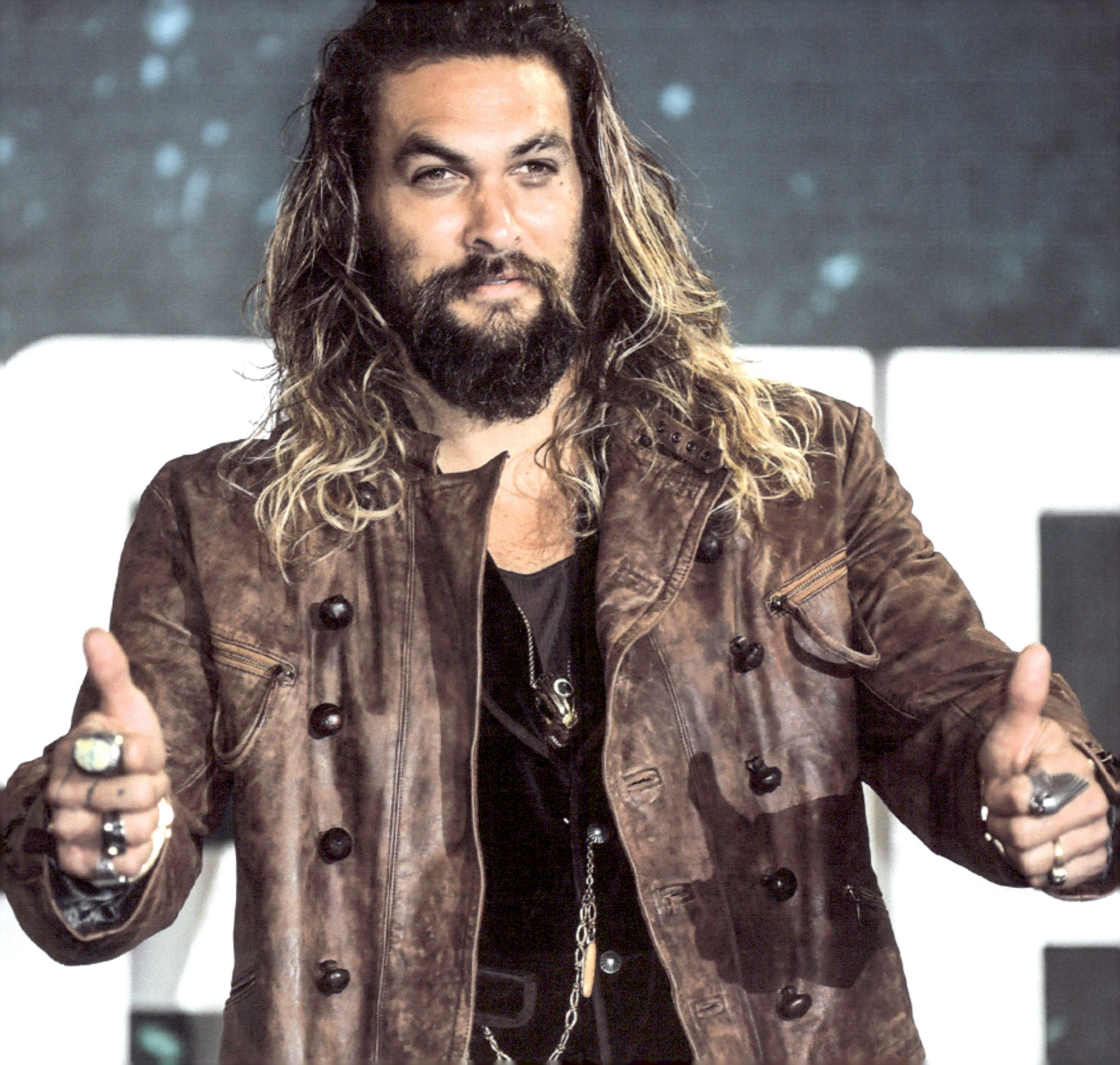

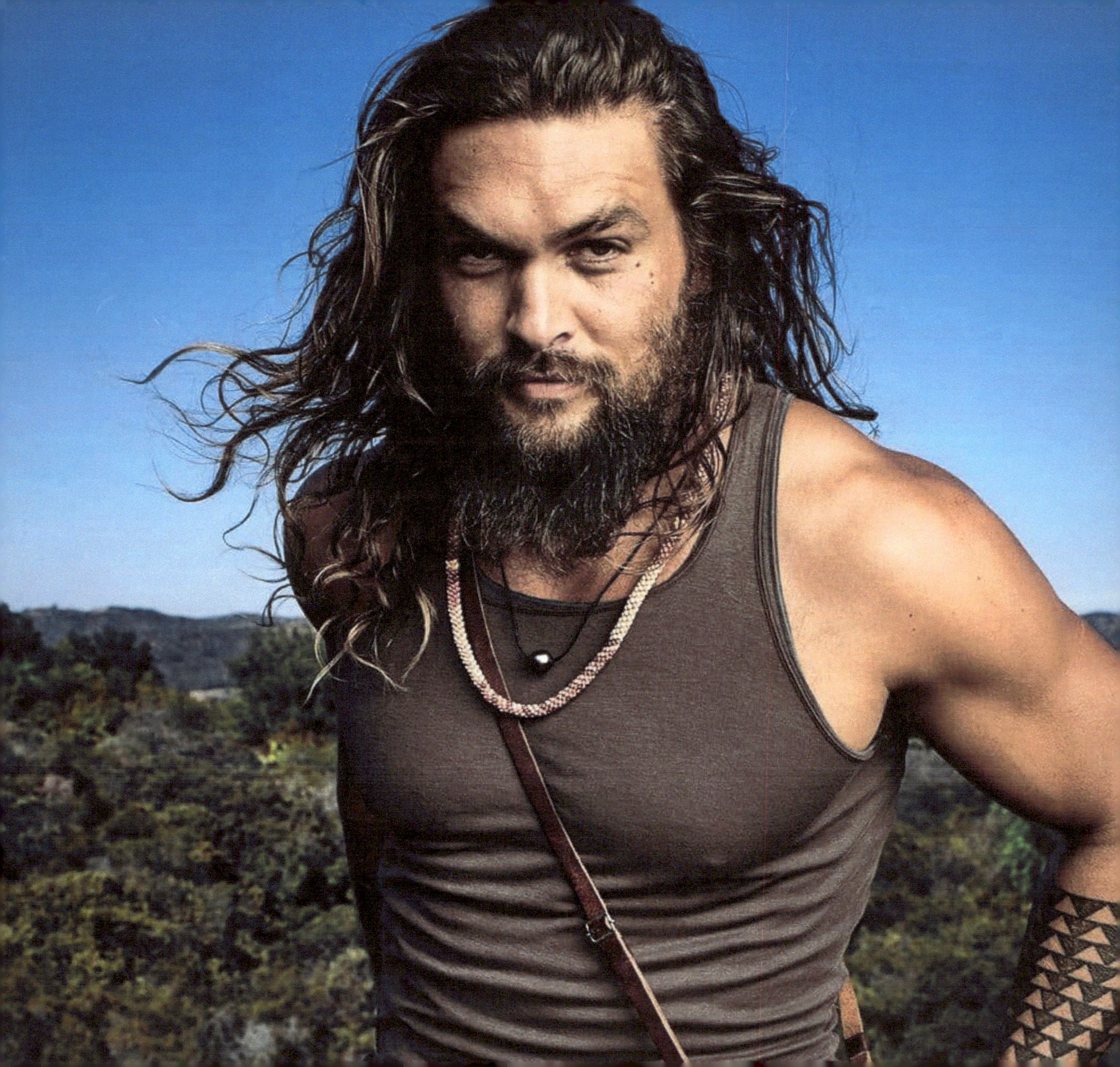

www.ingramcontent.com/pod-product-compliance
Lightning Source LLC
Chambersburg PA
CBHW051832210526
45473CB00005B/1837
* 9 7 9 8 3 6 4 6 5 1 4 4 0 *